This Journal Belongs to...

_____

_____

_____

And it STARTS HERE with your weight & measurements

Weight (weight on same scale each week)	
Bust (Measure around bust + nipples)	
Chest (Measure under breast)	
Waist (Measure smallest part of waist)	
Hips (measure around the largest part of hips)	
Thighs (Measure around the biggest part of each thigh)	
Caves (Measure around biggest part of each calf)	

Weight & Measurements for the Next 12 Weeks

Date	Weight	Bust	Chest	Waist	Hips	Thighs	Caves
Wk 1							
Wk 2							
Wk 3							
Wk 4							
Wk 5							
Wk 6							
Wk 7							
Wk 8							
Wk 9							
Wk 10							
Wk 3							
Wk 12							

You know the plan but to succeed you need to work it. There's no magic pill to melt the pounds off. So dig in. You know what you must do. Here's some tips to help:

1. Make sure you understand the eating plan.
2. Add the foods you enjoy to the foods list in the front of this journal, both free foods and those with points. That way they'll be front and center.
3. Add some type of physical activity everyday. Yes, EVERYDAY.
4. Drink plenty of water – 8 8-ounce glasses at a minimum.
5. Commit to tracking your eating and exercise every day, for the next 12 weeks (that's only 84 days and you'll have more than enough pages in this journal—we added 90).
6. To use this journal, start each morning with an affirmations to get yourself motivated. Affirmations are saying positive, "I can" statements to yourself, such as "I believe in myself and the power to stick to the plan," or "I am doing this, and my body is losing weight right now." And one our personal favorite, and the reason you're on this WW plan is, "I am letting go of any guild I hold around food."
7. Always try to do the best you can, but if you slip, don't beat yourself up. It happens and the best thing you can do is jump right back on the plan and move forward.
8. Once a week, weigh and measure yourself. Don't do it more than that. Your weight fluctuates day-to-day.
9. When you meet your goals, pamper yourself (non-food, of course). Treat yourself to a pedicure, a massage or buy yourself that new pair of jeans (size smaller... yeah).

Understand? Ready? Good, Let's Go!

If You're Tired of Starting Over...

STOP

GIVING

UP!

Free Food List

Free Food List

_____   _____

_____   _____

_____   _____

_____   _____

_____   _____

_____   _____

_____   _____

_____   _____

_____   _____

_____   _____

_____   _____

_____   _____

_____   _____

_____   _____

_____   _____

_____   _____

_____   _____

_____   _____

Food List with Points

Food List with Points

Today's Affirmation

Breakfast   Points

_____   _____

_____   _____

_____   _____

Lunch   Points

_____   _____

_____   _____

_____   _____

Dinner   Points

_____   _____

_____   _____

_____   _____

Snacks   Points

_____   _____

_____   _____

_____   _____

Physical Activity   Minutes   Total
                                                   Points
_____   _____   for
                                                    Day
_____   _____

_____   _____   _____

Water

Today's Affirmation

_____ _____
(write here)   (date)

Breakfast   Points

_____   _____

_____   _____

_____   _____

Lunch   Points

_____   _____

_____   _____

_____   _____

Dinner   Points

_____   _____

_____   _____

_____   _____

Snacks   Points

_____   _____

_____   _____

_____   _____

Physical Activity   Minutes   Total
                                               Points
_____   _____   for
                                               Day
_____   _____

_____   _____

Water   _____

Today's Affirmation

Breakfast   Points

_____   _____

_____   _____

_____   _____

Lunch   Points

_____   _____

_____   _____

_____   _____

Dinner   Points

_____   _____

_____   _____

_____   _____

Snacks   Points

_____   _____

_____   _____

_____   _____

Physical Activity   Minutes   Total
                                                             Points
_____   _____   for
                                                             Day
_____   _____

_____   _____

Water   _____

Today's Affirmation

_____ | _____
(write here)   (date)

Breakfast   Points
_____   _____
_____   _____
_____   _____

Lunch   Points
_____   _____
_____   _____
_____   _____

Dinner   Points
_____   _____
_____   _____
_____   _____

Snacks   Points
_____   _____
_____   _____
_____   _____

Physical Activity   Minutes   Total
_____   _____   Points
_____   _____   for
_____   _____   Day

Water
⊔ ⊔ ⊔ ⊔ ⊔ ⊔ ⊔ ⊔   _____

Today's Affirmation

Breakfast   Points

_____   _____

_____   _____

_____   _____

Lunch   Points

_____   _____

_____   _____

_____   _____

Dinner   Points

_____   _____

_____   _____

_____   _____

Snacks   Points

_____   _____

_____   _____

_____   _____

Physical Activity   Minutes   Total
                                                        Points
_____   _____   for
                                                        Day
_____   _____

_____   _____

Water   _____

Today's Affirmation

Breakfast

Points

_____

_____

_____

Lunch

Points

_____

_____

_____

Dinner

Points

_____

_____

_____

Snacks

Points

_____

_____

_____

Physical Activity   Minutes

Total
Points
for
Day

_____   _____

_____   _____

_____   _____

Water

_____

Today's Affirmation

_____ _____

Breakfast   Points

_____   _____

_____   _____

_____   _____

Lunch   Points

_____   _____

_____   _____

_____   _____

Dinner   Points

_____   _____

_____   _____

_____   _____

Snacks   Points

_____   _____

_____   _____

_____   _____

Physical Activity   Minutes   Total
                                                             Points
_____   _____   for
                                                             Day
_____   _____

_____   _____

Water   _____

Today's Affirmation

Breakfast   Points

_____   _____

_____   _____

_____   _____

Lunch   Points

_____   _____

_____   _____

_____   _____

Dinner   Points

_____   _____

_____   _____

_____   _____

Snacks   Points

_____   _____

_____   _____

_____   _____

Physical Activity   Minutes   Total
                                                   Points
_____   _____   for
                                                   Day
_____   _____

_____   _____

Water   _____

Today's Affirmation

Breakfast   Points

_____   _____

_____   _____

_____   _____

Lunch   Points

_____   _____

_____   _____

_____   _____

Dinner   Points

_____   _____

_____   _____

_____   _____

Snacks   Points

_____   _____

_____   _____

_____   _____

Physical Activity   Minutes   Total
                                                                          Points
_____   _____   for
                                                                          Day
_____   _____

_____   _____

Water   _____

Today's Affirmation

_____   _____

Breakfast   Points

_____   _____

_____   _____

_____   _____

Lunch   Points

_____   _____

_____   _____

_____   _____

Dinner   Points

_____   _____

_____   _____

_____   _____

Snacks   Points

_____   _____

_____   _____

_____   _____

Physical Activity   Minutes   Total
                                                Points
_____   _____   for
                                                Day
_____   _____

_____   _____

Water   _____

Today's Affirmation

Breakfast Points

_____ _____

_____ _____

_____ _____

Lunch Points

_____ _____

_____ _____

_____ _____

Dinner Points

_____ _____

_____ _____

_____ _____

Snacks Points

_____ _____

_____ _____

_____ _____

Physical Activity   Minutes   Total Points for Day

_____   _____

_____   _____

_____   _____

Water

_____

Today's Affirmation

_____ _____
(write here)   (date)

Breakfast   Points
_____   _____
_____   _____
_____   _____

Lunch   Points
_____   _____
_____   _____
_____   _____

Dinner   Points
_____   _____
_____   _____
_____   _____

Snacks   Points
_____   _____
_____   _____
_____   _____

Physical Activity   Minutes   Total
_____ _____   Points
_____ _____   for
_____ _____   Day

Water
⊔ ⊔ ⊔ ⊔ ⊔ ⊔ ⊔ ⊔   _____

Today's Affirmation

Breakfast   Points

_____   _____

_____   _____

_____   _____

Lunch   Points

_____   _____

_____   _____

_____   _____

Dinner   Points

_____   _____

_____   _____

_____   _____

Snacks   Points

_____   _____

_____   _____

_____   _____

Physical Activity   Minutes   Total
                                           Points
_____   _____   for
                                           Day
_____   _____

_____   _____

Water   _____

Today's Affirmation

_____   _____
(write here)   (date)

Breakfast   Points

_____   _____

_____   _____

_____   _____

Lunch   Points

_____   _____

_____   _____

_____   _____

Dinner   Points

_____   _____

_____   _____

_____   _____

Snacks   Points

_____   _____

_____   _____

_____   _____

Physical Activity   Minutes   Total

_____   _____   Points

_____   _____   for

_____   _____   Day

Water

▽ ▽ ▽ ▽ ▽ ▽ ▽ ▽   _____

Today's Affirmation

(write here) (date)

Breakfast

Points

_____

_____

_____

Lunch

Points

_____

_____

_____

Dinner

Points

_____

_____

_____

Snacks

Points

_____

_____

_____

Physical Activity   Minutes   Total
                                            Points
_____   _____   for
                                            Day
_____   _____

_____   _____

Water

_____

Today's Affirmation

_____   _____
(write here)   (date)

Breakfast

Points

_____

_____

_____

Lunch

Points

_____

_____

_____

Dinner

Points

_____

_____

_____

Snacks

Points

_____

_____

_____

Physical Activity   Minutes   Total
Points
for
Day

Water

Today's Affirmation

Breakfast   Points

_____   _____

_____   _____

_____   _____

Lunch   Points

_____   _____

_____   _____

_____   _____

Dinner   Points

_____   _____

_____   _____

_____   _____

Snacks   Points

_____   _____

_____   _____

_____   _____

Physical Activity   Minutes   Total
                                                                    Points
_____   _____   for
                                                                      Day
_____   _____

_____   _____

Water
                                                                    _____

Today's Affirmation

_____ _____

Breakfast   Points

_____   _____

_____   _____

_____   _____

Lunch   Points

_____   _____

_____   _____

_____   _____

Dinner   Points

_____   _____

_____   _____

_____   _____

Snacks   Points

_____   _____

_____   _____

_____   _____

Physical Activity   Minutes   Total
                                                    Points
_____ _____   for
                                                     Day
_____ _____

_____ _____

Water   _____

Today's Affirmation

_____ _____
(write here)   (date)

Breakfast   Points

_____   _____

_____   _____

_____   _____

Lunch   Points

_____   _____

_____   _____

_____   _____

Dinner   Points

_____   _____

_____   _____

_____   _____

Snacks   Points

_____   _____

_____   _____

_____   _____

Physical Activity   Minutes   Total
                                                                              Points
_____   _____   for
                                                                               Day
_____   _____

_____   _____

Water   _____

Today's Affirmation

_____ _____

Breakfast   Points

_____   _____

_____   _____

_____   _____

Lunch   Points

_____   _____

_____   _____

_____   _____

Dinner   Points

_____   _____

_____   _____

_____   _____

Snacks   Points

_____   _____

_____   _____

_____   _____

Physical Activity   Minutes   Total
                                                   Points
_____   _____   for
                                                   Day
_____   _____

_____   _____

Water   _____

Today's Affirmation

Breakfast   Points

_____   _____

_____   _____

_____   _____

Lunch   Points

_____   _____

_____   _____

_____   _____

Dinner   Points

_____   _____

_____   _____

_____   _____

Snacks   Points

_____   _____

_____   _____

_____   _____

Physical Activity   Minutes   Total
                                                      Points
_____   _____   for
                                                      Day
_____   _____

_____   _____

Water

Today's Affirmation

Breakfast   Points

_____   _____

_____   _____

_____

Lunch   Points

_____   _____

_____

_____   _____

Dinner   Points

_____   _____

_____   _____

_____

Snacks   Points

_____   _____

_____   _____

_____

Physical Activity   Minutes   Total
                                                                       Points
_____   _____   for
                                                                        Day
_____   _____

_____   _____

Water   _____

Today's Affirmation

_____   _____
(write here)   (date)

Breakfast   Points

_____   _____

_____   _____

_____   _____

Lunch   Points

_____   _____

_____   _____

_____   _____

Dinner   Points

_____   _____

_____   _____

_____   _____

Snacks   Points

_____   _____

_____   _____

_____   _____

Physical Activity   Minutes   Total
Points
for
Day

_____   _____

_____   _____

_____   _____

Water

_____

Today's Affirmation

_____ _____
(write here)   (date)

Breakfast   Points
_____   _____
_____   _____
_____   _____

Lunch   Points
_____   _____
_____   _____
_____   _____

Dinner   Points
_____   _____
_____   _____
_____   _____

Snacks   Points
_____   _____
_____   _____
_____   _____

Physical Activity   Minutes   Total
_____   _____   Points
_____   _____   for
_____   _____   Day

Water
▽ ▽ ▽ ▽ ▽ ▽ ▽ ▽   _____

Today's Affirmation

Breakfast   Points

_____   _____

_____   _____

_____   _____

Lunch   Points

_____   _____

_____   _____

_____   _____

Dinner   Points

_____   _____

_____   _____

_____   _____

Snacks   Points

_____   _____

_____   _____

_____   _____

Physical Activity   Minutes   Total
                                                             Points
_____   _____   for
                                                             Day
_____   _____

_____   _____

Water   _____

Today's Affirmation

_____ | _____
(write here) | (date)

Breakfast | Points
_____ | _____
_____ | _____
_____ | _____

Lunch | Points
_____ | _____
_____ | _____
_____ | _____

Dinner | Points
_____ | _____
_____ | _____
_____ | _____

Snacks | Points
_____ | _____
_____ | _____
_____ | _____

Physical Activity   Minutes | Total Points for Day
_____   _____ |
_____   _____ |
_____   _____ |

Water | _____

Today's Affirmation

Breakfast

_____

Points

_____

_____

_____

Lunch

_____

Points

_____

_____

_____

Dinner

_____

Points

_____

_____

_____

Snacks

_____

Points

_____

_____

_____

Physical Activity   Minutes

_____   _____

_____   _____

_____   _____

Total Points for Day

_____

Water

Today's Affirmation

Breakfast | Points
_____ | _____
_____ | _____
_____ | _____

Lunch | Points
_____ | _____
_____ | _____
_____ | _____

Dinner | Points
_____ | _____
_____ | _____
_____ | _____

Snacks | Points
_____ | _____
_____ | _____
_____ | _____

Physical Activity   Minutes | Total Points for Day

_____ _____
_____ _____
_____ _____

Water

_____

Today's Affirmation

Breakfast   Points

_____   _____

_____   _____

_____   _____

Lunch   Points

_____   _____

_____   _____

_____   _____

Dinner   Points

_____   _____

_____   _____

_____   _____

Snacks   Points

_____   _____

_____   _____

_____   _____

Physical Activity   Minutes   Total Points for Day

_____   _____

_____   _____

_____   _____

Water

Today's Affirmation

_____ _____
(write here)   (date)

Breakfast   Points
_____   _____
_____   _____
_____   _____

Lunch   Points
_____   _____
_____   _____
_____   _____

Dinner   Points
_____   _____
_____   _____
_____   _____

Snacks   Points
_____   _____
_____   _____
_____   _____

Physical Activity   Minutes   Total
_____   _____   Points
_____   _____   for
_____   _____   Day

Water
⊔ ⊔ ⊔ ⊔ ⊔ ⊔ ⊔ ⊔   _____

Today's Affirmation

Breakfast

Points

_____

_____

_____

Lunch

Points

_____

_____

_____

Dinner

Points

_____

_____

_____

Snacks

Points

_____

_____

_____

Physical Activity   Minutes

Total Points for Day

_____ _____

_____ _____

_____ _____

Water

_____

Today's Affirmation

_____   _____

Breakfast   Points

_____   _____

_____   _____

_____   _____

Lunch   Points

_____   _____

_____   _____

_____   _____

Dinner   Points

_____   _____

_____   _____

_____   _____

Snacks   Points

_____   _____

_____   _____

_____   _____

Physical Activity   Minutes   Total
                                                     Points
_____   _____   for
                                                      Day
_____   _____

_____   _____

Water   _____

Today's Affirmation

_____ (write here) | _____ (date)

Breakfast _____ Points

_____ _____

_____ _____

_____ _____

Lunch _____ Points

_____ _____

_____ _____

_____ _____

Dinner _____ Points

_____ _____

_____ _____

_____ _____

Snacks _____ Points

_____ _____

_____ _____

_____ _____

Physical Activity   Minutes   Total Points for Day

_____   _____

_____   _____

_____   _____   _____

Water

Today's Affirmation

Breakfast

Points

_____
_____
_____

Lunch

Points

_____
_____
_____

Dinner

Points

_____
_____
_____

Snacks

Points

_____
_____
_____

Physical Activity   Minutes

Total
Points
for
Day

_____   _____

_____   _____

_____   _____

_____

Water

Today's Affirmation

Breakfast   Points

_____

_____

_____

Lunch   Points

_____

_____

_____

Dinner   Points

_____

_____

_____

Snacks   Points

_____

_____

_____

Physical Activity   Minutes   Total Points for Day

_____ _____

_____ _____

_____ _____

Water

_____

Today's Affirmation

_____ _____
(write here)   (date)

Breakfast   Points

_____   _____

_____   _____

_____   _____

Lunch   Points

_____   _____

_____   _____

_____   _____

Dinner   Points

_____   _____

_____   _____

_____   _____

Snacks   Points

_____   _____

_____   _____

_____   _____

Physical Activity   Minutes   Total
                                            Points
_____   _____   for
                                            Day
_____   _____

_____   _____   _____

Water

⌄ ⌄ ⌄ ⌄ ⌄ ⌄ ⌄ ⌄

Today's Affirmation

_____ (write here) _____ | _____ (date)

Breakfast

_____

_____

_____

Lunch

_____

_____

_____

Dinner

_____

_____

_____

Snacks

_____

_____

_____

Physical Activity   Minutes

_____   _____

_____   _____

_____   _____

Water

Points

_____

_____

_____

Points

_____

_____

_____

Points

_____

_____

_____

Points

_____

_____

_____

Total
Points
for
Day

_____

Today's Affirmation

_____ (write here) _____ | (date) _____

Breakfast | Points
_____ | ____
_____ | ____
_____ | ____

Lunch | Points
_____ | ____
_____ | ____
_____ | ____

Dinner | Points
_____ | ____
_____ | ____
_____ | ____

Snacks | Points
_____ | ____
_____ | ____
_____ | ____

Physical Activity   Minutes | Total Points for Day
_____   _____
_____   _____
_____   _____

Water
⏛ ⏛ ⏛ ⏛ ⏛ ⏛ ⏛ ⏛   ____

Today's Affirmation

Breakfast   Points

_____   _____

_____   _____

_____   _____

Lunch   Points

_____   _____

_____   _____

_____   _____

Dinner   Points

_____   _____

_____   _____

_____   _____

Snacks   Points

_____   _____

_____   _____

_____   _____

Physical Activity   Minutes   Total
                                                             Points
_____   _____   for
                                                             Day
_____   _____

_____   _____

Water   _____

Today's Affirmation

_____   _____

Breakfast   Points

_____   _____

_____   _____

_____   _____

Lunch   Points

_____   _____

_____   _____

_____   _____

Dinner   Points

_____   _____

_____   _____

_____   _____

Snacks   Points

_____   _____

_____   _____

_____   _____

Physical Activity   Minutes   Total
Points
_____   _____   for
Day
_____   _____

_____   _____

Water   _____

Today's Affirmation

_____   _____
(write here)   (date)

Breakfast   Points

_____   _____

_____   _____

_____   _____

Lunch   Points

_____   _____

_____   _____

_____   _____

Dinner   Points

_____   _____

_____   _____

_____   _____

Snacks   Points

_____   _____

_____   _____

_____   _____

Physical Activity   Minutes   Total
                                                        Points
_____   _____   for
                                                          Day
_____   _____

_____   _____

Water   _____

Today's Affirmation

_____   _____
(write here)   (date)

Breakfast   Points
_____   _____
_____   _____
_____   _____

Lunch   Points
_____   _____
_____   _____
_____   _____

Dinner   Points
_____   _____
_____   _____
_____   _____

Snacks   Points
_____   _____
_____   _____
_____   _____

Physical Activity   Minutes   Total Points for Day
_____   _____
_____   _____
_____   _____

Water   _____

Today's Affirmation

_____ _____
(write here)   (date)

Breakfast   Points

_____   _____

_____   _____

_____   _____

Lunch   Points

_____   _____

_____   _____

_____   _____

Dinner   Points

_____   _____

_____   _____

_____   _____

Snacks   Points

_____   _____

_____   _____

_____   _____

Physical Activity   Minutes   Total
                                                       Points
_____   _____   for
                                                        Day
_____   _____

_____   _____   _____

Water

Today's Affirmation

_____   _____
(write here)   (date)

Breakfast   Points

_____

_____

_____

Lunch   Points

_____

_____

_____

Dinner   Points

_____

_____

_____

Snacks   Points

_____

_____

_____

Physical Activity   Minutes   Total Points for Day

_____   _____

_____   _____

_____   _____

Water

Today's Affirmation

      (date)

Breakfast   Points

_____   _____

_____   _____

_____   _____

Lunch   Points

_____   _____

_____   _____

_____   _____

Dinner   Points

_____   _____

_____   _____

_____   _____

Snacks   Points

_____   _____

_____   _____

_____   _____

Physical Activity   Minutes   Total Points for Day

_____   _____

_____   _____

_____   _____

                                         _____

Water

Today's Affirmation

_____ _____
(write here)   (date)

Breakfast   Points

_____   _____

_____   _____

_____   _____

Lunch   Points

_____   _____

_____   _____

_____   _____

Dinner   Points

_____   _____

_____   _____

_____   _____

Snacks   Points

_____   _____

_____   _____

_____   _____

Physical Activity   Minutes   Total
                                                          Points
_____   _____   for
                                                           Day
_____   _____

_____   _____

Water   _____

⏛ ⏛ ⏛ ⏛ ⏛ ⏛ ⏛ ⏛

Today's Affirmation

_____   _____
(write here)   (date)

Breakfast   Points

_____   _____

_____   _____

_____   _____

Lunch   Points

_____   _____

_____   _____

_____   _____

Dinner   Points

_____   _____

_____   _____

_____   _____

Snacks   Points

_____   _____

_____   _____

_____   _____

Physical Activity   Minutes   Total
                                                       Points
_____   _____   for
                                                         Day
_____   _____

_____   _____   _____

Water

Today's Affirmation

_____ _____
(write here)   (date)

Breakfast	Points
_____	_____
_____	_____
_____	_____

Lunch	Points
_____	_____
_____	_____
_____	_____

Dinner	Points
_____	_____
_____	_____
_____	_____

Snacks	Points
_____	_____
_____	_____
_____	_____

Physical Activity	Minutes	Total Points for Day
_____	_____	
_____	_____	
_____	_____	_____

Water

Today's Affirmation

_____ _____

Breakfast   Points

_____   _____

_____   _____

_____   _____

Lunch   Points

_____   _____

_____   _____

_____   _____

Dinner   Points

_____   _____

_____   _____

_____   _____

Snacks   Points

_____   _____

_____   _____

_____   _____

Physical Activity   Minutes   Total
                                                        Points
_____ _____   for
                                                        Day
_____ _____

_____ _____

Water   _____

Today's Affirmation

_____   _____
(write here)   (date)

Breakfast	Points
_____	_____
_____	_____
_____	_____

Lunch	Points
_____	_____
_____	_____
_____	_____

Dinner	Points
_____	_____
_____	_____
_____	_____

Snacks	Points
_____	_____
_____	_____
_____	_____

Physical Activity	Minutes	Total Points for Day
_____	_____	
_____	_____	
_____	_____	_____

Water
⎽⎽ ⎽⎽ ⎽⎽ ⎽⎽ ⎽⎽ ⎽⎽ ⎽⎽ ⎽⎽

Today's Affirmation

_____ _____
(write here)   (date)

Breakfast   Points
_____   _____
_____   _____
_____   _____

Lunch   Points
_____   _____
_____   _____
_____   _____

Dinner   Points
_____   _____
_____   _____
_____   _____

Snacks   Points
_____   _____
_____   _____
_____   _____

Physical Activity   Minutes   Total
_____ _____   Points
_____ _____   for
_____ _____   Day

Water   _____

Today's Affirmation

_____ (write here) _____ (date)

Breakfast   Points
_____   _____
_____   _____
_____   _____

Lunch   Points
_____   _____
_____   _____
_____   _____

Dinner   Points
_____   _____
_____   _____
_____   _____

Snacks   Points
_____   _____
_____   _____
_____   _____

Physical Activity   Minutes   Total
_____   _____   Points
_____   _____   for
_____   _____   Day

Water
⊔ ⊔ ⊔ ⊔ ⊔ ⊔ ⊔ ⊔   _____

Today's Affirmation

_____ _____
(write here)   (date)

Breakfast   Points
_____   _____
_____   _____
_____   _____

Lunch   Points
_____   _____
_____   _____
_____   _____

Dinner   Points
_____   _____
_____   _____
_____   _____

Snacks   Points
_____   _____
_____   _____
_____   _____

Physical Activity   Minutes   Total
_____ _____   Points
_____ _____   for
_____ _____   Day

Water   _____

Today's Affirmation

Breakfast | Points
_____ | _____
_____ | _____
_____ | _____

Lunch | Points
_____ | _____
_____ | _____
_____ | _____

Dinner | Points
_____ | _____
_____ | _____
_____ | _____

Snacks | Points
_____ | _____
_____ | _____
_____ | _____

Physical Activity   Minutes | Total Points for Day
_____ _____
_____ _____
_____ _____

Water

_____

Today's Affirmation

_____   _____
(write here)   (date)

Breakfast   Points
_____   _____
_____   _____
_____   _____

Lunch   Points
_____   _____
_____   _____
_____   _____

Dinner   Points
_____   _____
_____   _____
_____   _____

Snacks   Points
_____   _____
_____   _____
_____   _____

Physical Activity   Minutes   Total
                                                Points
_____   _____   for
_____   _____   Day
_____   _____

Water
                                                _____

Today's Affirmation

_____ _____
(write here) (date)

Breakfast | Points
_____ | _____
_____ | _____
_____ | _____

Lunch | Points
_____ | _____
_____ | _____
_____ | _____

Dinner | Points
_____ | _____
_____ | _____
_____ | _____

Snacks | Points
_____ | _____
_____ | _____
_____ | _____

Physical Activity   Minutes | Total Points for Day
_____ _____ |
_____ _____ |
_____ _____ | _____

Water

Today's Affirmation

_____ _____
(write here)   (date)

Breakfast   Points

_____
_____   _____
_____

_____   _____

Lunch   Points

_____
_____   _____
_____

_____   _____

Dinner   Points

_____
_____   _____
_____

_____   _____

Snacks   Points

_____
_____   _____
_____

_____   _____

Physical Activity   Minutes   Total
                                                       Points
_____   _____   for
_____   _____   Day
_____   _____

Water   _____

Today's Affirmation

_____ | _____
(write here) | (date)

Breakfast	Points
_____	_____
_____	_____
_____	_____
Lunch	Points
_____	_____
_____	_____
_____	_____
Dinner	Points
_____	_____
_____	_____
_____	_____
Snacks	Points
_____	_____
_____	_____
_____	_____

Physical Activity   Minutes   Total Points for Day

_____ _____

_____ _____

_____ _____

_____

Water

⊔ ⊔ ⊔ ⊔ ⊔ ⊔ ⊔ ⊔

Today's Affirmation

Breakfast   Points

_____   _____

_____   _____

_____   _____

Lunch   Points

_____   _____

_____   _____

_____   _____

Dinner   Points

_____   _____

_____   _____

_____   _____

Snacks   Points

_____   _____

_____   _____

_____   _____

Physical Activity   Minutes   Total
                                                             Points
_____   _____   for
                                                             Day
_____   _____

_____   _____   _____

Water

⊔ ⊔ ⊔ ⊔ ⊔ ⊔ ⊔ ⊔

Today's Affirmation

_____ _____
(write here)   (date)

Breakfast   Points

_____   _____

_____   _____

_____   _____

Lunch   Points

_____   _____

_____   _____

_____   _____

Dinner   Points

_____   _____

_____   _____

_____   _____

Snacks   Points

_____   _____

_____   _____

_____   _____

Physical Activity   Minutes   Total
                                            Points
_____   _____   for
                                            Day
_____   _____

_____   _____   _____

Water

Today's Affirmation

(write here)   (date)

Breakfast   Points

_____   _____

_____   _____

_____   _____

Lunch   Points

_____   _____

_____   _____

_____   _____

Dinner   Points

_____   _____

_____   _____

_____   _____

Snacks   Points

_____   _____

_____   _____

_____   _____

Physical Activity   Minutes   Total Points for Day

_____   _____

_____   _____

_____   _____   _____

Water

Today's Affirmation

_____ | _____
(write here) | (date)

Breakfast | Points
_____ | _____
_____ | _____
_____ | _____

Lunch | Points
_____ | _____
_____ | _____
_____ | _____

Dinner | Points
_____ | _____
_____ | _____
_____ | _____

Snacks | Points
_____ | _____
_____ | _____
_____ | _____

Physical Activity   Minutes | Total
_____ _____ | Points
_____ _____ | for
_____ _____ | Day

Water
⛆ ⛆ ⛆ ⛆ ⛆ ⛆ ⛆ ⛆ | _____

Today's Affirmation

_____ _____
(write here)   (date)

Breakfast   Points

_____   _____

_____   _____

_____   _____

Lunch   Points

_____   _____

_____   _____

_____   _____

Dinner   Points

_____   _____

_____   _____

_____   _____

Snacks   Points

_____   _____

_____   _____

_____   _____

Physical Activity   Minutes   Total
                                                       Points
_____   _____   for
                                                       Day
_____   _____

_____   _____

Water   _____

Today's Affirmation

_____ | _____
(write here) | (date)

Breakfast   Points

_____   _____

_____   _____

_____   _____

Lunch   Points

_____   _____

_____   _____

_____   _____

Dinner   Points

_____   _____

_____   _____

_____   _____

Snacks   Points

_____   _____

_____   _____

_____   _____

Physical Activity   Minutes   Total
                                                             Points
_____   _____   for
                                                              Day
_____   _____

_____   _____

Water   _____

Today's Affirmation

Breakfast   Points

_____   _____

_____   _____

_____   _____

Lunch   Points

_____   _____

_____   _____

_____   _____

Dinner   Points

_____   _____

_____   _____

_____   _____

Snacks   Points

_____   _____

_____   _____

_____   _____

Physical Activity   Minutes   Total
                                                   Points
_____   _____   for
                                                   Day
_____   _____

_____   _____

Water   _____

Today's Affirmation

Breakfast   Points

_____   ____

_____   ____

_____   ____

Lunch   Points

_____   ____

_____   ____

_____   ____

Dinner   Points

_____   ____

_____   ____

_____   ____

Snacks   Points

_____   ____

_____   ____

_____   ____

Physical Activity   Minutes   Total
                                                   Points
_____   _____   for
                                                   Day
_____   _____

_____   _____   ____

Water

Today's Affirmation

_____ | _____
(write here)   (date)

Breakfast   Points

_____   _____

_____   _____

_____   _____

Lunch   Points

_____   _____

_____   _____

_____   _____

Dinner   Points

_____   _____

_____   _____

_____   _____

Snacks   Points

_____   _____

_____   _____

_____   _____

Physical Activity   Minutes   Total
                                                  Points
_____   _____   for
                                                  Day
_____   _____

_____   _____   _____

Water

Today's Affirmation

Breakfast	Points
	_____
	_____
	_____

Lunch	Points
	_____
	_____
	_____

Dinner	Points
	_____
	_____
	_____

Snacks	Points
	_____
	_____
	_____

Physical Activity	Minutes	Total Points for Day
_____	_____	
_____	_____	
_____	_____	_____

Water

Today's Affirmation

_____ _____
(write here)   (date)

Breakfast   Points

_____   _____

_____   _____

_____   _____

Lunch   Points

_____   _____

_____   _____

_____   _____

Dinner   Points

_____   _____

_____   _____

_____   _____

Snacks   Points

_____   _____

_____   _____

_____   _____

Physical Activity   Minutes   Total
                                                     Points
_____   _____   for
                                                     Day
_____   _____

_____   _____

Water   _____

▽ ▽ ▽ ▽ ▽ ▽ ▽ ▽

Today's Affirmation

_____ _____
(write here)   (date)

Breakfast   Points

_____   _____

_____   _____

_____   _____

Lunch   Points

_____   _____

_____   _____

_____   _____

Dinner   Points

_____   _____

_____   _____

_____   _____

Snacks   Points

_____   _____

_____   _____

_____   _____

Physical Activity   Minutes   Total
                                            Points
_____   _____   for
                                            Day
_____   _____

_____   _____

Water   _____

Today's Affirmation

_____ _____
(write here)   (date)

Breakfast   Points

_____ _____

_____ _____

Lunch   Points

_____ _____

_____ _____

_____ _____

Dinner   Points

_____ _____

_____ _____

_____ _____

Snacks   Points

_____ _____

_____ _____

_____ _____

Physical Activity   Minutes   Total
                                          Points
_____ _____   for
                                          Day
_____ _____

_____ _____

Water   _____

Today's Affirmation

_____ | _____
(write here) | (date)

Breakfast

_____
_____
_____

Lunch

_____
_____
_____

Dinner

_____
_____
_____

Snacks

_____
_____
_____

Physical Activity   Minutes

_____   _____
_____   _____
_____   _____

Water

Points

_____
_____
_____

Points

_____
_____
_____

Points

_____
_____
_____

Points

_____
_____
_____

Total
Points
for
Day

_____

Today's Affirmation

_____ | _____
(write here) | (date)

Breakfast | Points
_____ | _____
_____ | _____
_____ | _____

Lunch | Points
_____ | _____
_____ | _____
_____ | _____

Dinner | Points
_____ | _____
_____ | _____
_____ | _____

Snacks | Points
_____ | _____
_____ | _____
_____ | _____

Physical Activity   Minutes | Total Points for Day
_____   _____ |
_____   _____ |
_____   _____ |

Water

⊔ ⊔ ⊔ ⊔ ⊔ ⊔ ⊔ ⊔   _____

Today's Affirmation

Breakfast   Points

_____   _____

_____   _____

_____   _____

Lunch   Points

_____   _____

_____   _____

_____   _____

Dinner   Points

_____   _____

_____   _____

_____   _____

Snacks   Points

_____   _____

_____   _____

_____   _____

Physical Activity   Minutes   Total
                                                       Points
_____   _____   for
                                                       Day
_____   _____

_____   _____   _____

Water

Today's Affirmation

	Points
Breakfast	
_____	_____
_____	_____
_____	_____
Lunch	Points
_____	_____
_____	_____
_____	_____
Dinner	Points
_____	_____
_____	_____
_____	_____
Snacks	Points
_____	_____
_____	_____
_____	_____

Physical Activity   Minutes   Total Points for Day

_____ _____

_____ _____

_____ _____

_____

Water

Today's Affirmation

(write here)   (date)

Breakfast   Points

_____

_____   _____

_____   _____

                                                        _____

Lunch   Points

_____

_____   _____

_____   _____

                                                        _____

Dinner   Points

_____

_____   _____

_____   _____

                                                        _____

Snacks   Points

_____

_____   _____

_____   _____

                                                        _____

Physical Activity   Minutes   Total
                                                        Points
_____ _____   for
                                                        Day
_____ _____

_____ _____

Water   _____

▽ ▽ ▽ ▽ ▽ ▽ ▽ ▽

Today's Affirmation

_____   _____
(write here)   (date)

Breakfast

_____

_____

_____

Lunch

_____

_____

_____

Dinner

_____

_____

_____

Snacks

_____

_____

_____

Physical Activity   Minutes

_____   _____

_____   _____

_____   _____

Water

Points
___
___
___

Points
___
___
___

Points
___
___
___

Points
___
___
___

Total
Points
for
Day

___

Today's Affirmation

(write here) _____ (date)

Breakfast   Points

_____   _____

_____   _____

_____   _____

Lunch   Points

_____   _____

_____   _____

_____   _____

Dinner   Points

_____   _____

_____   _____

_____   _____

Snacks   Points

_____   _____

_____   _____

_____   _____

Physical Activity   Minutes   Total
                                                       Points
_____   _____   for
                                                       Day
_____   _____

_____   _____   _____

Water

Today's Affirmation

_____ _____
(write here)   (date)

Breakfast   Points

_____   _____

_____   _____

_____

Lunch   Points

_____   _____

_____   _____

_____

Dinner   Points

_____   _____

_____   _____

_____

Snacks   Points

_____   _____

_____   _____

_____

Physical Activity   Minutes   Total
                                                         Points
_____   _____   for
                                                           Day
_____   _____

_____   _____

Water

□ □ □ □ □ □ □ □   _____

Today's Affirmation

_____ _____
(write here)   (date)

Breakfast   Points

_____   _____

_____   _____

_____   _____

Lunch   Points

_____   _____

_____   _____

_____   _____

Dinner   Points

_____   _____

_____   _____

_____   _____

Snacks   Points

_____   _____

_____   _____

_____   _____

Physical Activity   Minutes   Total
                                            Points
_____ _____   for
                                            Day
_____ _____

_____ _____

Water   _____

Today's Affirmation

     (date)

Breakfast   Points

_____

_____

_____

Lunch   Points

_____

_____

_____

Dinner   Points

_____

_____

_____

Snacks   Points

_____

_____

_____

Physical Activity   Minutes   Total Points for Day

_____   _____

_____   _____

_____   _____

Water

_____

Today's Affirmation

_____ _____
(write here)   (date)

Breakfast   Points
_____ _____

_____ _____

_____ _____

Lunch   Points
_____ _____

_____ _____

_____ _____

Dinner   Points
_____ _____

_____ _____

_____ _____

Snacks   Points
_____ _____

_____ _____

_____ _____

Physical Activity   Minutes   Total
                                                  Points
_____ _____   for
                                                  Day
_____ _____

_____ _____

Water   _____

Today's Affirmation

_____   _____
(write here)   (date)

Breakfast   Points

_____   _____

_____   _____

_____   _____

Lunch   Points

_____   _____

_____   _____

_____   _____

Dinner   Points

_____   _____

_____   _____

_____   _____

Snacks   Points

_____   _____

_____   _____

_____   _____

Physical Activity   Minutes   Total
                                                Points
_____   _____   for
                                                Day
_____   _____

_____   _____   _____

Water

Today's Affirmation

_____ _____
(write here)   (date)

Breakfast   Points

_____   _____

_____   _____

_____   _____

Lunch   Points

_____   _____

_____   _____

_____   _____

Dinner   Points

_____   _____

_____   _____

_____   _____

Snacks   Points

_____   _____

_____   _____

_____   _____

Physical Activity   Minutes   Total
                                             Points
_____   _____   for
                                             Day
_____   _____

_____   _____

Water   _____

Today's Affirmation

_____   _____
(write here)   (date)

Breakfast   Points

_____   _____

_____   _____

_____   _____

Lunch   Points

_____   _____

_____   _____

_____   _____

Dinner   Points

_____   _____

_____   _____

_____   _____

Snacks   Points

_____   _____

_____   _____

_____   _____

Physical Activity   Minutes   Total Points for Day

_____   _____

_____   _____

_____   _____

Water   _____

▽ ▽ ▽ ▽ ▽ ▽ ▽ ▽

Today's Affirmation

_____ _____
(write here)   (date)

Breakfast   Points

_____   _____

_____   _____

_____   _____

Lunch   Points

_____   _____

_____   _____

_____   _____

Dinner   Points

_____   _____

_____   _____

_____   _____

Snacks   Points

_____   _____

_____   _____

_____   _____

Physical Activity   Minutes   Total
                                            Points
_____ _____   for
                                             Day
_____ _____

_____ _____

Water   _____

Today's Affirmation

_____ _____

Breakfast   Points

_____   _____

_____   _____

_____   _____

Lunch   Points

_____   _____

_____   _____

_____   _____

Dinner   Points

_____   _____

_____   _____

_____   _____

Snacks   Points

_____   _____

_____   _____

_____   _____

Physical Activity   Minutes   Total
                                                             Points
_____   _____   for
                                                             Day
_____   _____

_____   _____

Water   _____

Today's Affirmation

_____ _____
(write here)   (date)

Breakfast   Points
_____   _____
_____   _____
_____   _____

Lunch   Points
_____   _____
_____   _____
_____   _____

Dinner   Points
_____   _____
_____   _____
_____   _____

Snacks   Points
_____   _____
_____   _____
_____   _____

Physical Activity   Minutes   Total
                                                             Points
_____   _____   for
_____   _____   Day
_____   _____

Water
                                                             _____

Today's Affirmation

_____ _____
(write here)   (date)

Breakfast   Points

_____   _____

_____   _____

_____   _____

Lunch   Points

_____   _____

_____   _____

_____   _____

Dinner   Points

_____   _____

_____   _____

_____   _____

Snacks   Points

_____   _____

_____   _____

_____   _____

Physical Activity   Minutes   Total
                                                          Points
_____   _____   for
                                                           Day
_____   _____

_____   _____

Water   _____

⊔ ⊔ ⊔ ⊔ ⊔ ⊔ ⊔ ⊔

Today's Affirmation

_____ _____
(write here) (date)

Breakfast   Points

_____   _____

_____   _____

_____   _____

Lunch   Points

_____   _____

_____   _____

_____   _____

Dinner   Points

_____   _____

_____   _____

_____   _____

Snacks   Points

_____   _____

_____   _____

_____   _____

Physical Activity   Minutes   Total
                                                   Points
_____   _____   for
_____   _____   Day
_____   _____

Water   _____

▽ ▽ ▽ ▽ ▽ ▽ ▽ ▽

Notes

Notes

Notes

Notes

Notes

Notes

Notes

Notes

Made in the USA
Coppell, TX
11 September 2020